SUA PRIMEIRA STARTUP

O Guia de Negócios Startup, da Ideia ao Lançamento

WAYNE WALKER

© Direitos Autorais 2017 por Wayne Walker, Todos os direitos reservados.

Este livro foi escrito com o objetivo de fornecer informações tão precisas e confiáveis quanto possível. Os profissionais devem ser consultados conforme necessário antes de empreender qualquer uma das ações aqui endossadas.

Esta declaração é considerada justa e válida tanto pela Ordem dos Advogados Americana quanto pela Associação do Comitê de Editores e é legalmente obrigatória em todos os Estados Unidos.

Além disso, a transmissão, duplicação ou reprodução de qualquer um dos seguintes trabalhos, incluindo informações precisas, será considerada um ato ilegal, independentemente de ser feito eletronicamente ou em papel. A legalidade se estende à criação de uma cópia secundária ou terciária da obra ou uma cópia registrada e só é permitida com o consentimento expresso por escrito da Editora. Todos os direitos adicionais são reservados.

As informações nas páginas seguintes são amplamente consideradas como um relato verdadeiro e preciso dos fatos e, como tal, qualquer desatenção, uso ou mau uso das informações em questão pelo leitor tornará qualquer ação resultante unicamente sob sua responsabilidade. Não há cenários em que o editor ou o autor original desta obra possa ser de alguma forma considerado responsável por qualquer dificuldade ou dano que possa lhes ocorrer após empreender as informações aqui descritas.

ÍNDICE

Aviso Legal

Os conselhos e estratégias contidos neste guia são baseados em minhas experiências e opiniões comerciais pessoais, e podem não ser apropriados para sua situação.

INTRODUÇÃO

Minha motivação para escrever este guia é semelhante à de meus outros trabalhos, onde sei por experiência prática que você não precisa de 200 páginas para explicar a alguém como fazer algo com sucesso. Como proprietário de um negócio lucrativo, também sei, por experiência, que não preciso de 200 páginas para compartilhar a essência de administrar um negócio. Muitos podem discordar, mas eu não estou preocupado com eles no momento. Sou um grande crente na citação de Gandhi, "uma grama de prática vale mais do que toneladas de ensinamentos".

WAYNE WALKER
(a versão curta)

Para que minhas palavras e ideias tenham mais significado, é essencial uma rápida visão geral do meu passado. Sou o diretor e proprietário da GCMS, uma empresa de consultoría e treinamento em mercado de capitais.

Esta não é uma autobiografia (eu sou muito jovem). A versão rápida, nascido na Jamaica, W.I. e criado em Nova Iorque, por pais que fizeram o melhor que puderam com as ferramentas que tinham. Como muitos outros de sua geração, eles se sacrificaram para que seus filhos pudessem ter oportunidades que não estavam disponíveis para eles e eu sou eternamente grato a eles. Eu cursei universidades em Buffalo, Nova Iorque e San Diego, na Califórnia.

Atualmente resido na Europa, o que é uma aventura própria, material para meu terceiro guia. Pensei que o socialismo tinha sido apagado do planeta, mas para meu espanto ele está vivo e bem, dando a algumas pessoas uma carona gratuita porque têm direito a tudo de "graça".

Antes de fundar a empresa, fui chefe de equipes de consultores de investimento no Saxo Bank (Copenhague), um dos pioneiros em bancos de investimento online e comércio eletrônico. Era realmente um lugar especial para se trabalhar. Cada dia era literalmente melhor do que no dia anterior. As pessoas ganhavam salários bons e, em alguns casos, muito generosos.

Eu era o 140° funcionário de um banco que cresceu para cerca de 1.500 no momento da minha demissão. Desnecessário dizer que vi muitas caras novas. As pessoas que conheci eram absolutamente incríveis. Ainda colaboro com muitos ex-empregados da Saxo em projetos.

Trabalhamos duro e nos divertimos muito. Sim, foram colocadas horas muito longas, mas eu e minha família também desfrutamos com prazer dos frutos, por isso é um pouco tarde para reclamar. Os desafios familiares fazem parte do estilo de vida dos bancos de investimento, que eu estava nadando em todas as oportunidades que eu podia ter. Realizei seminários no belo Caribe, treinei o pessoal do Citi - FX em Londres, até mesmo fiz seminários em Hollywood. A vida noturna continua sendo um livro fechado.

Meu tempo no Saxo Bank foi de imenso aprendizado e no final eu me demiti em boas condições e quem sabe eu possa colaborar com eles no futuro.

Iniciar um negócio tem sido um sonho meu e com algumas economias eu me aventurei a sair por conta própria.

ONDE COMEÇAR

Escalável

A ideia do que quer que você tenha em mente deve ser escalável. O que significa que sua empresa pode lidar com um pedido de 1.000 unidades com quase a mesma

facilidade que um de 100. Estou tomando alguma liberdade aqui com os números, mas a questão é que ela deve ser capaz de expandir sem precisar de uma proporção de 1:1. Assim, se com 10 pedidos você precisa de 10 funcionários e assim por diante.

O segredo do Saxo Bank? Eles dominaram a arte do escalonamento.

Sua ideia é escalável? Você não pode fugir disso, a menos que possa escalar sua ideia, você simplesmente criou um emprego e não um negócio. Se isto não for resolvido, mantenha seu emprego diário até que você tenha um plano.

Usando o GCMS como exemplo, ele começou como uma operação de um só homem na UE, juntamente com o pessoal no Caribe liderando as operações e o back office. Começamos com a realização de seminários, que é uma forma de escalonamento. Um seminário me permite atender a muitos clientes ao mesmo tempo. Ensiná-los um a um não é viável, a menos, é claro, que você tenha a situação em que cada cliente está pagando milhares de dólares e você tem um fluxo deles.

Revise sua ideia, como você pode divulgá-la para que não seja necessário que você se envolva com ela 24 horas por dia, 7 dias por semana. Uma das maneiras mais fáceis de escalonar é tendo um funcionário, ou tendo consultores remunerados ou baseados em desempenho. Eles podem difundir sua ideia mais rapidamente do que você sozinho. Essas pessoas também têm redes que podem ser exploradas em benefício de todos. No caso da GCMS, um consultor de nossa equipe tinha muitos contatos com a mídia e com a universidade. Na fase inicial, este acesso à mídia gratuita foi uma enorme bênção para nós (mais sobre isso mais tarde).

Pense em toda a onda de empreendedores da internet que fizeram fortunas ao longo dos anos, eles escalaram seu conceito. Um site funciona 24 horas por dia, 7 dias por semana, recebendo pedidos enquanto você dorme, esquia ou se diverte, eu acho que você está entendendo o ponto.

Quer você seja um grande banqueiro, webmaster, massagista ou cozinheiro, a menos que você possa divulgar suas ideias sem muito envolvimento pessoal, mantenha seu emprego e poupe a si mesmo e à família o estresse.

Por exemplo, joias especializadas feitas à mão serão muito difíceis de serem escaladas. Para ser justo, não é uma ideia impossível, pois se seu nome é suficientemente famoso e você pode vender cada peça por um milhão de euros de lucro, então a escala não é um problema. Infelizmente, a maioria de nós não tem o tipo de reconhecimento de nome necessário para vender joias caras com facilidade.

Isto pode parecer básico, mas isto é fundamental ou então é realmente difícil seguir em frente. Compartilho minha experiência pessoal com meu próprio negócio de que muitas partes são escaláveis, mas não é 100%. Esse é um desafio com o qual eu também estou trabalhando.

Há muitos exemplos práticos disso no mundo real, por exemplo, muitos lugares de fast food. Se uma franquia local salta de servir 100 hambúrgueres para 200 hambúrgueres por hora, eles não contratam mais 100 funcionários.

A boa notícia é que existem muitas ideias que podem ser escaladas, especialmente com a internet. Elas também não precisam de grandes quantidades de capital. Muitas pessoas exploraram o conceito de revenda e funcionou muito bem para elas onde têm um site de venda de produtos 24 horas por dia com um sistema de faturamento automático. Portanto, 100 pedidos ou 1.000 requerem o mesmo esforço.

Em minha empresa, GCMS, vivemos estes princípios através da escala de nossos guias eletrônicos. No site estamos abertos 24 horas por dia e 7 dias por semana para pedidos e eles são processados sem que eu fique sentado no meu computador dia e noite. Temos um formulário de pedido que leva as informações necessárias, e um e- mail automático que é devolvido.

Nossas aulas podem ser ministradas a 25-40 pessoas com a mesma quantidade de instrutores, mantendo ao mesmo tempo o nível de qualidade necessário.

Foco

Já foi dito muitas vezes, você não pode ser tudo para todas as pessoas e nos negócios isso é muito verdadeiro. Tentar se especializar em comida italiana e chinesa no mesmo restaurante é uma receita de fracasso (eu realmente vi este restaurante durante minhas viagens pelos Estados Unidos).

Você deve encontrar uma área onde você possa trazer valor às pessoas. Seja em um produto ou serviço (que é, é claro, escalável)

Tenho um amigo que possui um negócio onde ele "é especialista" em quase todos os tipos de arte (áudio, móveis, pinturas, etc.). Tenho sugerido repetidamente que ele encontre uma área para se sobressair primeiro, e depois apresente aos clientes as outras coisas em que ele é bom. 10 anos em seu negócio e não se elevou acima de um status de hobby, no que diz respeito à renda.

É difícil encontrar exemplos de qualquer empresa que encontre sucesso ao tentar capturar inicialmente muitos mercados. A maioria encontrará uma região, produto ou serviço para ser bom no início e depois lançará outros serviços com o passar do tempo.

Em minha experiência com a GCMS, foi somente depois que começamos a focar que começamos a ver melhores resultados. No início, estávamos em todos os lugares tentando atender a todos os mercados. Aprenda com meus esforços, dinheiro e tempo desperdiçados, você deve se concentrar, se concentrar e se concentrar.

Foi o sucesso de nosso programa de Diploma de Trade que nos deu o impulso para sermos vistos por outros fora do mercado universitário. Ensinamos nas melhores universidades, mas uma grande parte de nossos participantes não são estudantes. Eles nos ajudaram a expandir de boca em boca para a comunidade profissional.

Este guia eletrônico é outro exemplo de foco, acredito que existe um mercado de pessoas que querem aprender as coisas indo direto ao ponto. Não sou professor universitário, mas tenho uma experiência prática que pode ser compartilhada sem que alguém precise de uma vida inteira de estudo. Portanto, crio guias que são práticos e podem ser lidos em minutos ou em poucas horas. O benefício é que eles podem ser usados imediatamente como materiais práticos de referência para aqueles que adquirem os guias. Uma vez que o programa de diplomas foi um sucesso, pudemos então lançar o guia eletrônico, serviços de CV, etc.

Seja Falado Sobre

Ter pessoas falando sobre você ou seu negócio é a chave para os lucros a longo prazo. Mesmo que isso signifique ganhar menos dinheiro no início. O exemplo da GCMS é o clássico marketing boca- a-boca básico. Somos proprietários de nosso conteúdo, mas infelizmente não tínhamos milhões para usar na publicidade.

Nós nos concentramos primeiro na entrega de um bom produto que as pessoas gostariam de compartilhar/recomendar a seus amigos. O primeiro passo que demos foi fazer parcerias com grupos que tinham acesso à distribuição. Nosso parceiro inicial foi o

Colégio Universitário do Caribe. Eles nos deram acesso aos profissionais de finanças da região sem que tivéssemos que gastar dinheiro em marketing.

Nosso próximo parceiro foi a Finance Lab, em Copenhague, que foi capaz de nos conectar com estudantes universitários, inicialmente em Copenhague e mais tarde com o resto da Dinamarca. Estas conexões nos deram uma distribuição instantânea e fizeram com que as pessoas falassem sobre nós. Não há mágica da noite para o dia, leva tempo no início, mas uma vez que se consegue um pequeno impulso, então as coisas realmente podem começar a rolar rapidamente. Esta é uma técnica básica que estamos replicando com muitos grupos que tem levado a um crescimento mais orgânico para nossa empresa, mas isso leva tempo. É claro que nosso serviço deve fornecer um valor aos clientes, ou então nenhum grupo, conexão ou marketing pode salvar você a longo prazo.

Entrar na imprensa, alguém para escrever sobre você é melhor para atenção imediata. Depois de alguns artigos sobre a GCMS aparecerem em vários jornais, as visitas ao nosso site saltaram mais de 400%.

A única coisa que foi uma completa perda de tempo e dinheiro no início, foi tentar anunciar em jornais, anúncios online, etc. Ouça-me e aos muitos outros que cometeram este erro tolo... guarde seu dinheiro para outras coisas. Os chamados "profissionais" gurus de marketing na internet, esqueça eles, a menos que eles possam mostrar a você o negócio que eles estão fazendo, usando as técnicas que eles sugerem para você. Mais sobre esses caras mais adiante no guia.

Seth Godin, autor de Purple Cow, enfatiza que a base para ser falado é ajudar as pessoas a alcançar seus objetivos, de modo que, com o tempo, elas terão interesse em ajudar você a alcançar os seus. Posso confirmar, por experiência prática, que isto é verdade.

Mantendo-me fiel à minha palavra, somente as coisas que fiz que realmente funcionaram para o GCMS ou que vi funcionando para outros serão discutidas. No final do guia, meus detalhes de contato são fornecidos e posso discutir/verificar qualquer sugestão que eu tenha feito.

Boas Pessoas

No início, cercar-se de pessoas capazes e positivas é fundamental. Iniciar um negócio, digamos, é duro, duro mesmo que você tenha a ideia "perfeita". Ter pessoas que vão dizer o que precisa ser dito sem medo é um presente mais valioso do que dinheiro. O conselho gratuito, mas inestimável, que meus bons amigos e nosso conselho consultivo compartilharam comigo foi ótimo.

Sem piedade, elimine todas as pessoas negativas. Não confunda isto com críticas construtivas. Minha regra com as pessoas é, se você critica, você deve ter uma sugestão alternativa. Dizer "seu site não presta" é inútil, a menos que você tenha uma sugestão concreta de como melhorá-lo. Melhor ainda, impressione-me com seu site que inclui todas as características que você sugeriu que estão faltando no meu.

Eu tinha pessoas próximas a mim que provavelmente se beneficiariam mais com os resultados de iniciar minha empresa e, em vez de estarem na coluna de apoio, perderam seu tempo e o meu por serem negativos. Um aviso aos futuros empreendedores, vocês estão por sua conta. Para ser justo, não é tarefa de seus amigos ou família salvar seu negócio. Se eles ajudam, ótimo, mas eles não têm obrigações, na minha opinião, de ajudá-lo, mas devem ficar claramente fora do seu caminho e não ser um incômodo.

O Mental

Nunca, nunca, desista. Como algumas pessoas inteligentes disseram corretamente, ou você desiste no início ou tem que percorrer a viagem até o fim. Sempre que você se propõe a fazer uma mudança em sua vida, como iniciar um negócio, você deve esperar turbulências, elas são parte do processo.

Simplificando, você terá pago o sacrifício em tempo, dinheiro, esforço sem obter nenhum dos ganhos se você desistir na metade do caminho. Haverá dias sombrios, no meu caso, muitos, mas a crença em mim mesmo e em minha ideia me manteve vivo. Ao não desistir, você notará que com o tempo, a oposição (pessoas e pensamentos negativos) se desvanecerá. E as tendências de autodestruição que muitos de nós temos ficarão mais fracas.

Esta disciplina mental deve ser treinada e desenvolvida. Seu estado mental é o componente mais crucial no início. Muitas pessoas quando falam em iniciar um negócio vão se concentrar no plano de negócios e negligenciar seu plano mental. Não cometa esse erro.

Em sua escalada até o objetivo, lembre-se que só porque as coisas não aconteceram exatamente de acordo com o cronograma, não é um sinal de fracasso. Para muitos, o sucesso veio depois do ponto em que todos pensavam que as coisas eram desesperadas. Não tão dramático no meu caso, mas as coisas começaram a mudar após o prazo pessoal que eu havia estabelecido para que o negócio funcionasse com lucro.

Você deve se fazer duas perguntas e ter muito boas respostas a elas antes de puxar o gatilho para começar:

1   - Você está com medo de cometer erros?

Você cometerá muitos erros, se esta for uma área problemática para você, procure aconselhamento emocional antes de começar.

2   - Até onde você está disposto a ir para levar a sua ideia até o fim?

Iniciar um negócio irá testá-lo de todas as maneiras imagináveis, portanto esteja preparado.

Coisas concretas que eu fiz para continuar funcionando mentalmente:

Exercícios

É a melhor droga do mundo. Após uma sessão pesada na academia, eu tenho a energia física e mental para lutar. Você escolhe o esporte, mas move seu corpo. Muitos estudos recentes afirmam que uma das poucas coisas que comprovadamente aumentam a força do cérebro é o exercício. Eu sou crente nisso.

Escrita

Escrever me deu a oportunidade de me afastar dos negócios por algumas horas de cada vez. É também uma ótima maneira de aprender a reunir seus pensamentos em algum tipo de estrutura.

Leitura

Eu voei frequentemente entre a América do Norte e a Europa no primeiro ano da empresa, o que me proporcionou muitas horas "mortas". A leitura de histórias de como outros superaram adversidades foi de grande ajuda mental. Embora todas as nossas histórias sejam únicas, desafios semelhantes aos nossos foram enfrentados por outros e é bom aprender com eles. Isso lhe poupará muito tempo de tentativa e erro. Como dito anteriormente, leia daqueles que o fizeram, guarde a teoria para a sala de conferências.

O QUE OS CONSULTORES NÃO LHE DIRÃO

Renda

Li recentemente um artigo que mencionava que ter muito dinheiro quando se inicia uma empresa é um perigo. Há pontos válidos nessa ideia, mas teria sido mais fácil dormir se eu tivesse mais no início.

Esteja pronto para oscilações de renda que assustariam qualquer apostador. No início, pode não haver nenhuma. No meu caso, não houve nenhum lucro até depois do primeiro ano. O que significa que houve faturamento, mas as despesas as ultrapassavam. Então, quando começa a fluir, pode dar bons saltos e depois ficar em uma média.

Como eu lidei com isso? Usei um pouco de minhas economias e me voltei para a atuação e modelagem. Tive a sorte de ter sido modelo por muitos anos. O Teatro Real Dinamarquês me chamou para um papel de apoio em uma peça de teatro e eu pulei na chance. Não foram mega dólares, mas cobriram muitas das minhas despesas.

Qualquer potencial proprietário de empresa, especialmente aqueles com meios limitados, deve ter na mente uma forma de gerar dinheiro de sobrevivência até que sua empresa decole. Não há vergonha em fritar hambúrgueres se eles mantiverem o teto sobre sua cabeça. Há tantas histórias de pessoas dormindo nos sofás de seus amigos durante meses de cada vez durante os tempos de vacas magras, esteja preparado para isso.

Vivemos em tempos maravilhosos, onde não é preciso muito capital para iniciar um negócio graças à internet. Entretanto, como a barreira de entrada foi reduzida, isso também significa que a concorrência se intensificou.

Gastos

Fique de olho neles, pois eles podem ser um assassino silencioso. Se você tiver funcionários, então outra camada de vigilância é necessária. Não que eles tenham más intenções, mas é mais provável que eles não tenham o mesmo investimento na empresa que você. Isto, em alguns casos, leva a que eles estejam muito mais relaxados com os vendedores do que você está à vontade. Por exemplo, eles vão pedir mais do que o necessário ou algo que simplesmente não é necessário.

Amigos – Vida Privada

Esteja preparado para ficar sozinho. Esteja preparado para ficar sozinho. Não é um erro de digitação, eu queria ter certeza de que o ponto fosse entendido. Se você tiver problemas em passar tempo sozinho, mantenha o seu emprego diurno e vá para casa, para a sua família.

Seus "amigos", em sua maioria, desaparecerão mais rápido do que você jamais imaginou. Esteja preparado para as pessoas que dizem "você pode contar comigo", "ligue-me se precisar de alguma coisa", apenas desaparecendo. Esqueça isso, 98% claramente não estão falando sério.

Seus verdadeiros amigos, os poucos que restam (os 2%), embora surpreendentes não podem fazê-lo por você e também não é responsabilidade deles.

Quanto à família, também não espere muito apoio ali. No meu caso, meu irmão foi um primeiro apoiador da minha ideia e sou grato a ele por me apoiar desde o início.

Para aqueles que são casados, obviamente você deve ter 100% de apoio de seu cônjuge ou preparar-se para a turbulência em casa.

Você passará muitas horas e, em alguns casos, dias sozinho quando sentir que tudo isso é um desperdício, mas ficar amargo ou triste é uma perda de tempo. Use as ferramentas mencionadas acima para lidar com isso. Fazer exercício é a minha preferida e faz maravilhas para sua autoestima.

Sua vida privada sofrerá um baque. Basicamente eu não tinha nada, acho que não tive um encontro por mais de um ano. Na verdade, fiquei bastante feliz com isso, pois me deu uma chance de me concentrar. Também devo admitir que teria sido ótimo ter uma parceira no processo para compartilhar alguns dos momentos com ela. Tenho certeza que alguns dos meus amigos provavelmente começaram a se preocupar comigo, mas eu estava indo bem. Aqueles com namoradas/namorados, tenham muito cuidado. Se alguma vez houver um momento em que você esteja correndo o risco de se separar é este.

Consultores

Fuja desses palhaços como se sua vida dependesse disso, a menos que, eles tenham feito o que estão consultando. Eu não quero generalizar demais, mas a maioria dos consultores são absolutamente inúteis. Eles vêm com muitos gráficos, slides Power Point e todas as palavras idiotas da atualidade, mas quando se trata de resultados (a única coisa que importa), eles muitas vezes deixam a desejar.

Tive a sorte de me deparar com alguns dos bons no ramo e tenho o prazer de compartilhar seus serviços com outros, pois sei que essas pessoas podem produzir resultados.

"Especialistas" em marketing na Internet

Os consultores são arriscados, mas esses caras da internet são os piores. Esqueça-os, ponto final. Trabalhe somente com aqueles que dirigiram um negócio que teve/tem lucro. Ignore todas as bobagens sobre a realização de campanhas publicitárias se você é proprietário de uma pequena empresa.

O caminho para o mercado é, ser falado sobre. A palavra de boca em boca é de longe a melhor. Estes "profissionais" tentarão dizer o contrário, mas posso confirmar por experiência comercial real que este é o caminho para construir um negócio que estará sempre presente. Se seu objetivo é criar um novo negócio a cada poucos meses, então esta pode não ser a estratégia para você, pois leva tempo para construir um negócio sólido. Revise as técnicas que discuti anteriormente de usar parceiros que possam lhe proporcionar acesso à distribuição.

Consultores de todos os tipos devem ser capazes de lhe mostrar exemplos de como essa experiência ou brilhantismo que eles afirmam possuir ajudou os outros ou a si mesmos. De preferência no mesmo ou relacionado setor do negócio que você está procurando entrar.

Em outra nota pessoal, meu pai dirigiu com sucesso um negócio de consultoria fiscal de nossa casa de família em Nova Iorque, sem escalar. Como ele fez isso? Ele escalou sua "publicidade". Meu pai, em mais de 20 anos de negócios, nunca gastou um dólar em publicidade. Seus clientes o encheram de referências (por causa de um excelente serviço e um preço justo), muitas vezes ele estava recusando clientes por causa da sobrecarga dos negócios. Surpreendentemente, isso era feito sem a internet ou qualquer "guru de marketing".

Agora não há contradição em meus conceitos, eu disse que ele foi forçado a recusar clientes. Isto porque ele não escalou, enquanto se saiu bem financeiramente, só pôde crescer até o momento. O caminho para ele, claro, era colocar alguns serviços na internet e contratar funcionários para ajudar em algumas das questões de rotina.

OUTROS ASSUNTOS PRÁTICOS

O Plano de Negócios

A maioria dos livros ou consultores lhe dirão para escrever um, e os bancos exigirão um. Minha opinião sobre isso é como investimentos, é muito pessoal. Não dói no sentido de que ajuda no planejamento, mas eu sou um grande crente em apenas nos deixar começar. Você vai passar o resto de sua preciosa vida esperando pelo momento "perfeito". Confie em mim, você encontrará estes palhaços não realizadores com seus conselhos de esperar por este momento mágico. Examine suas vidas e geralmente eles não realizaram muito depois de deixar a escola. Muitos de nós temos ideias surpreendentes, mas como temos medo de falhar, nem sequer tentamos.

Eu recomendaria uma análise SWOT mesmo que você não vá com o plano de negócios de 50 páginas (que poucos realmente leem). Para aqueles que faltaram à escola de negócios, SWOT = (Força, é escalável? Fraqueza, Oportunidades, Ameaças). Esta é uma grande verificação da realidade para você, não para os bancos ou seus amigos.

Como já ouvi dizer, "pense grande, mas comece pequeno", este é o caminho para muitos, a menos que você tenha bolsos muito fundos. Mesmo se você tiver, eu sugeriria começar pequeno de qualquer maneira.

Questões Legais e Regulatórias:

Obtenha todas as licenças necessárias, mas antes de se meter em qualquer problema. Mais tarde, se você procurar financiamento, então é bom tê-las. Alguns dizem que você também deve conseguir um advogado e, dependendo do tipo de negócio que você deseja iniciar, é sim uma boa ideia. Se for uma sociedade ou se você estiver segurando o dinheiro das pessoas para ex. negociar, então arranje um advogado. Se você tem uma boa ideia escalável que você pode lidar, eu digo para correr com ela. O tema que repito está começando, e você só terá que lidar com as coisas à medida que elas aparecem, o momento mágico não existe.

Um advogado pode ser opcional, mas um contador não é, você deve ter um. O que temos nos salvou milhares de vezes e nos ajudou a manter o rumo. Eu admito livremente, como a maioria dos empresários, não sou louco por este aspecto de dirigir um negócio, mas ele deve ser tratado. Felizmente, há milhões de pessoas no mundo que gostam de olhar para os códigos fiscais e de ser cumpridores.

Lidando com Bancos

Esta é outra área potencial de desapontamento. Pelas histórias de horror que ouvi de outros empresários, muitas vezes me pergunto para que servem os bancos.

Devo dizer que comecei meu negócio provavelmente no pior momento da história financeira moderna, no outono de 2008.

Mesmo com excelente crédito, dinheiro no banco e sendo um cliente por muitos anos, rapidamente me foi negado um empréstimo comercial. Em outros bancos, eles nem sequer queriam ouvir de mim. Eles queriam uma coisa certa, começar um negócio está longe disso. Eu tentei ao máximo não levar isso para o lado pessoal porque eu não deveria, mas ainda assim era um gosto amargo.

Meu conselho, se você precisar de um empréstimo, é que tente. Só porque não deu para mim, não significa que não dará para você.

Em Oferecer seu Serviço Gratuitamente

Esqueça! Mesmo que você só cobre um dólar, é melhor do que grátis. As pessoas acham difícil valorizar os serviços gratuitos e quando você tenta cobrar pelo que era gratuito, fica confuso. A certa altura, pensei em dar meu primeiro guia eletrônico e nada veio dele. Comecei a vendê-los e as pessoas começaram a comprar.

Oferecendo Crédito

Não é possível. Oferecer crédito pode transformar seu jovem negócio em refém de todos os tipos de clientes privados e corporativos. Na GCMS tivemos algumas experiências desagradáveis com alguns poucos clientes privados, já que a mudança para negócios de pagamento antecipado aumentou e as dores de cabeça diminuíram.

Sócios

Como no caso de um cônjuge, selecione-os cuidadosamente. Minha experiência com parceiros tem sido muito boa até o momento. É preciso estar atento aos chamados empreendedores em série. Como seus níveis de compromisso podem ser questionáveis, trabalhe com pessoas que estão dispostas a ir longe com e para você.

Seja extra cuidadoso com aqueles com quem você compartilha suas ideias. Infelizmente tive a desagradável experiência de compartilhar um componente chave da GCMS com alguns potenciais sócios comerciais. Eles mencionaram que minha ideia, embora boa, não venderia. Certamente um mês depois, eles lançaram um negócio baseado na minha ideia que eles disseram que nunca iria funcionar.

Uma Sugestão Jurídica:

Quando você tiver uma grande ideia, escreva-a e envie-a para você mesmo. A data no carimbo pode ser crucial em disputas relacionadas à Propriedade Intelectual, pois

VOCÊ será capaz de provar que teve a ideia primeiro.... Pois lembre-se de manter o envelope selado. Cole em um post-it o que ele contém, se necessário.

TI

Minha área pessoal fraca, por isso consultei outras pessoas. Basicamente, tenho todos os dados armazenados em vários computadores e também online. Tudo o que você precisa é de uma experiência de perda de dados para aprender a lição necessária. Use minha experiência, faça backups com frequência.

Eu também sugiro fortemente que você tenha dois notebooks quando viajar para longe de casa. Já tive situações em que computadores se recusaram a iniciar ou conexões com projetores, etc., de repente não funcionaram. Ter aquele notebook extra se provou ser um salva-vidas.

Site

Seu website deve ter um CMS (Sistema de Gerenciamento de Conteúdo). Isto permite que você mesmo faça a maior parte da atualização do site, eliminando uma área de gargalo em potencial. O CMS também lhe fornece acesso aos dados de tráfego do site (quem visitou, de onde, idioma, que páginas consultaram, etc.). Isto pode ajudá-lo com sua estratégia de marketing.

Mídias Sociais

Um tema delicado. Se você está planejando administrar uma boate, negócios de DJ, café, etc., então Facebook, Twitter, etc. podem ser de ajuda. Mas, como mencionei, tenha cuidado com esses "gurus" de mídias sociais dizendo que você precisa estar em todos os lugares. O único serviço que eu encontrei para oferecer algum valor é o LinkedIn. Há mais profissionalismo e você evita muito da besteira de outras mídias sociais e de spams.

Sugiro que os empresários se concentrem nas mídias sociais presenciais através de reuniões em eventos de networking. Então você pode levar as pessoas ao seu site. O boca-a-boca ainda é poderoso mesmo no século 21.

Tenha em mente os pontos que toquei no início; concentre-se, e fale sobre eles. Você tem apenas 24 horas no dia, portanto, deve se concentrar em um meio para obter o melhor retorno para seu tempo e esforço.

QUE TIPO DE NEGÓCIO COMEÇAR

Sugiro fortemente que você examine ideias comerciais que não necessitem de muito espaço físico. O objetivo é evitar a necessidade de alugar espaço e todas as despesas que o acompanham, por exemplo, contas extras de serviços públicos. Qualquer tipo de restaurante, loja de roupas, etc. não são recomendados para o potencial proprietário de negócios de baixo orçamento.

Evite a necessidade de seguir as tendências bobas do momento. Concentre-se em ideias comerciais escaláveis que proporcionem benefícios práticos às pessoas a um preço razoável.

E-Books

Se você tem informações práticas para compartilhar com as pessoas, este é um bom ângulo. As pessoas pagarão por informações valiosas que podem colocar em uso relativamente rápido.

Quando seu livro estiver pronto para a venda, com alguns dos maiores agentes do ramo. Eu também segui o caminho de vender meus livros diretamente em meu site. Sou capaz de fazer isso porque tenho meu próprio site e queria manter os lucros do meu trabalho para mim mesmo. Entretanto, meu livro ainda está disponível para venda em vários sites, mas a maioria das minhas vendas é gerada a partir de meus próprios sites.

Webinars - Aulas Online

A entrega de webinars pagos, aulas, etc., as pessoas pagam para ter acesso a seus conhecimentos. Tenho treinado pessoas em todo o mundo e isso é lucrativo e pessoalmente satisfatório. Você sentirá uma sensação de satisfação sabendo que ajudou alguém a resolver um problema ou abriu novas possibilidades para ela.

Consultoria

As pessoas pagarão por seus conhecimentos se você puder demonstrar como seus conhecimentos e habilidades os beneficiarão de uma forma prática. Eu trabalho com as pessoas na educação prática sobre os mercados de capitais e falo diretamente sobre a realidade de iniciar um negócio com dinheiro limitado.

PRÓXIMO PASSO

Quando Você Estiver Pronto Para Começar – Contate-me

Espero sinceramente que este guia prático e breve tenha sido benéfico para você. No entanto, também percebo que um guia eletrônico tem algumas limitações. Para aqueles que gostariam de receber mais treinamento prático, por favor entrem em contato comigo em: gcmsonline.info. Há também uma funcionalidade do tipo help desk onde eu ou meus colegas respondemos diretamente aos seus desafios comerciais.

ANÁLISE SWOT

Esta análise SWOT pode ser usada como referência. Eu a utilizei no primeiro ano de minha firma. Alguns detalhes permanecem em segredo, mas muito do que eu examinei no início da GCMS está aberto para revisão.

LOCALIZAÇÃO DA SEDE

A sede da empresa está localizada em Copenhague.

Análise SWOT Forças

- **Administração:** Nossa equipe administrativa é internacionalmente experiente e altamente qualificada em seu campo específico.

- **Pessoal capacitado:** Nosso grupo de consultores inclui alguns dos melhores do ramo.

- **Visão clara da necessidade do mercado:** A GCMS conhece seus clientes potenciais (comerciantes privados, instituições financeiras de grande e médio porte)

Fraquezas

- **Financiamento:** Uma visão preliminar das despesas sugere que a GCMS permanecerá financeiramente estável. No entanto, despesas imprevistas ou um fluxo de capital pobre das vendas podem ameaçar a posição de caixa da GCMS, que será particularmente vulnerável no primeiro ano.

- **Pessoal Limitado:** Embora o pessoal da GCMS seja excepcional, eles serão confrontados com longas horas por pouco pagamento durante o primeiro ano.

Oportunidades

- **Crescimento no mercado:** A crescente tendência da indústria financeira e dos mercados em desenvolvimento em geral elevará o número de clientes potenciais para nossos serviços. Depois de ganhar estabilidade, a GCMS se concentrará na expansão de nossos mercados.

- **Potencial de crescimento internacional:** À medida que a GCMS se estabelece e ganha estabilidade financeira, pode começar a comercializar seus serviços em diferentes países em desenvolvimento. A GCMS iniciou esta campanha e já temos uma presença física em três continentes. Vamos diversificar nossos esforços de comunicação adicionalmente através da internet.

- **Potencial para se tornar a principal fornecedora:** A GCMS não tem apenas a administração e o pessoal, mas também uma estratégia escalável a partir da qual se pode construir uma plataforma sustentável de crescimento.

Ameaçadas

- **Competição local:** Não há outro fornecedor de nossos serviços em Copenhague ou em nossas áreas de mercado alvo que seja especializado no que fazemos.

- **Concorrentes locais emergentes:** Atualmente, o GCMS desfruta de uma vantagem de ser a pioneiras nos mercados locais. Entretanto, os concorrentes podem estar no horizonte e nós estamos preparados para sua entrada. Muitos de nossos programas são construídos com base na experiência e contatos pessoais que simplesmente não estão disponíveis para outros.

- **Leis, regulamentos, políticas:** Quaisquer novas exigências legais às quais a GCMS possa ser obrigada a se adaptar.

- **Deterioração econômica:** Uma recessão econômica imprevista ou não antecipada, ou tragédias como o 11 de setembro, reduziria a renda disponível.

Visão

A GCMS tem o potencial e planos para se tornar a principal fornecedora de educação e consultoria de mercados de capitais em todo o mundo.

PERFIL DO AUTOR

Wayne **Walker** é o diretor de uma empresa global de educação e consultoria de mercados de capitais (gcmsonline.info). Ele possui muitos anos de experiência em liderar e treinar equipes de Consultores de Investimento e gerenciou equipes de alto desempenho no Grupo de Clientes Privados com base no Bench Mark Earnings (BME). O Sr. Walker treinou traders do programa Citi-FX Pro em Londres. Ele também desenvolveu o programa 'Trading Rights' no Saxo Bank pelo qual os Consultores de Investimento eram obrigados a concluir antes de serem autorizados a negociar. Ele é um trader certificado pela Markets in Financial Instrument Directive (MiFID) EU e está qualificado para assessorar clientes "A".

O Sr. Walker é um comentarista frequentemente convidado do mercado de capitais em vários programas internacionais ao vivo de TV e rádio.

O Sr. Walker possui inúmeras certificações e já trabalhou nas seguintes posições:

- Diretor-Fundador, (GCMS) Global Capital Market Solutions, Dinamarca

- Autor do "Reality Based Trading Guide", (usado em nossas aulas na Copenhagen Business School e em outras universidades da UE)

- Gerente de Vendas, América do Norte e Oriente Médio, Saxo Bank, Dinamarca

- B.sc State University of New York, Universidade em Buffalo, EUA

- NASD Series 3 – Licença para negociar e aconselhar sobre contratos futuros no mercado dos EUA

- ACI (Mercados Financeiros) Certificado de Negociação – Aprovado com Distinção (nível mais alto), França

- Treinado no Software de Cotação de Opções FX da Bloomberg e UBS Bank

www.ingramcontent.com/pod-product-compliance
Lightning Source LLC
Chambersburg PA
CBHW021810150726
47989CB00004B/1865